WORD SEARCH

HAPPY EASTER

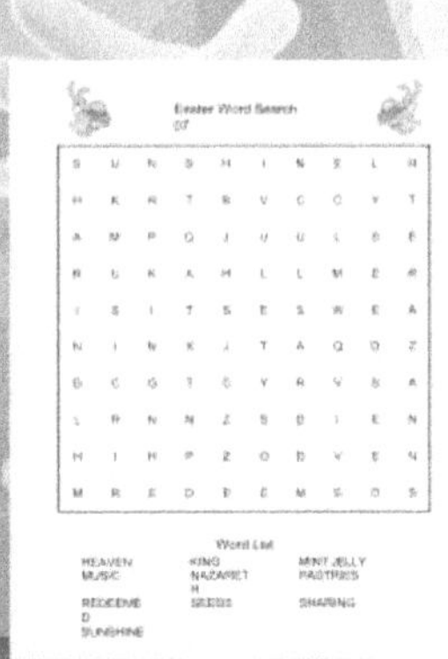

Jennifer C. Lawrence

P	I	Z	Q	F	Z	D	S	R	E
M	E	Q	O	J	B	W	T	K	P
X	Q	D	O	R	H	K	Z	R	I
F	O	R	T	Y	D	A	Y	S	H
C	R	U	C	I	F	I	X	P	F
M	E	L	A	S	U	R	E	J	O
C	H	I	C	K	S	S	J	M	U
S	V	R	Z	N	O	N	W	V	N
E	V	P	H	J	Y	U	D	I	D
P	D	Y	E	D	E	G	G	S	F

Word List

CHICKS	CRUCIFIX	DYED EGGS
FORTY DAYS	FOUND	JERUSALEM
JOSEPH		

Easter Word Search
02

```
P   P   C   A   P   T   U   R   E   D
R   Q   E   K   K   L   Y   K   S   E
O   M   I   R   A   C   L   E   I   Z
T   P   A   R   T   Y   V   P   O   A
E   E   M   Y   Z   I   X   E   H   M
C   T   E   I   T   F   U   X   O   A
T   B   Y   A   S   P   I   C   E   S
P   A   L   M   S   U   N   D   A   Y
G   E   N   U   M   E   R   O   U   S
R   Q   G   E   S   I   N   N   E   R
```

Word List

AMAZED
NUMEROUS
PROTECT
SPICES

CAPTURE
PALM SUNDAY

RELATIVES

MIRACLE
PARTY

SINNER

Easter Word Search
03

K	F	D	R	Y	E	E	F	O	H
E	P	R	O	A	T	H	T	E	G
E	A	W	E	O	B	K	T	D	H
W	X	O	V	E	E	B	T	M	E
Y	L	E	W	G	D	L	I	W	R
L	D	R	O	G	U	O	V	T	Y
O	U	Q	L	S	U	N	M	A	S
H	D	R	B	F	I	N	E	R	Y
D	E	C	O	R	A	T	I	V	E
A	Q	S	U	N	D	A	Y	U	E

Word List

DECORATIVE	DEVOTE	EGGS
FINERY	FREEDOM	HOLY WEEK
RABBITS	SUNDAY	

Easter Word Search
04

V	B	A	S	K	E	T	L	H	Y
E	I	C	M	S	M	R	K	D	Y
N	L	S	O	T	W	M	E	R	I
E	I	U	C	L	F	I	U	R	W
R	D	R	U	G	O	B	N	D	A
A	O	P	L	N	D	R	G	G	Y
B	F	R	V	A	I	S	I	T	S
L	F	I	C	B	D	T	Z	N	M
E	A	S	T	O	M	B	Y	M	G
Y	D	E	A	S	L	L	E	Y	K

Word List

BASKET	CADBURY	COLORING
DAFFODIL	SURPRISE	SWINGS
TOMB	UNITY	VENERABLE
YELLS		

Easter Word Search
05

O	D	P	P	W	E	T	R	I	J
B	B	I	R	W	J	J	T	Z	E
T	K	S	S	I	J	J	E	W	S
Y	J	I	E	C	M	W	U	U	H
Q	P	S	N	R	I	P	U	D	I
Z	M	U	I	G	V	P	A	O	L
L	R	W	A	M	D	A	L	C	X
D	G	X	I	J	V	O	N	E	T
H	O	L	I	D	A	Y	M	C	S
Y	T	I	L	A	T	R	O	M	E

Word List

DISCIPLES	HOLIDAY	IMPACT
JEWS	KINGDOM	MORTALITY
OBSERVANCE		

Easter Word Search
06

N	O	I	S	S	E	F	N	O	C
V	S	N	U	G	G	L	E	M	F
B	K	B	L	T	O	R	N	Y	O
G	D	E	C	O	R	A	T	E	R
U	Z	O	C	I	N	C	I	P	T
E	N	T	E	R	T	A	I	N	U
S	Z	F	A	S	T	E	I	R	N
T	Y	I	G	Y	S	Y	I	K	E
F	Y	Y	R	K	S	G	X	A	F
L	Y	A	M	P	E	E	B	X	W

Word List

CONFESSION	DECORATE	ENTERTAIN
FORTUNE	GUEST	PICNIC
PRIZE	SNUGGLE	TORN

Easter Word Search
07

S	U	N	S	H	I	N	E	L	H
H	K	R	T	B	V	C	C	Y	T
A	M	P	Q	J	U	U	L	S	E
R	U	K	A	H	L	L	M	E	R
I	S	I	T	S	E	S	W	E	A
N	I	N	X	J	T	A	Q	D	Z
G	C	G	T	C	Y	R	V	S	A
L	R	N	N	Z	S	D	I	E	N
H	I	H	P	Z	O	D	V	E	N
M	R	E	D	E	E	M	E	D	S

Word List

HEAVEN	KING	MINT JELLY
MUSIC	NAZARETH	PASTRIES
REDEEMED	SEEDS	SHARING
SUNSHINE		

Easter Word Search
08

A	D	Q	C	J	Y	J	Y	C	D
U	W	I	Z	P	E	D	K	A	R
M	B	U	N	N	I	E	S	R	M
C	U	L	S	N	N	Y	G	R	R
Y	A	N	E	K	E	N	O	O	V
Q	U	N	V	S	I	R	V	T	O
E	W	G	D	K	S	I	W	C	I
Z	M	C	A	L	S	E	F	A	C
S	T	B	E	I	E	Z	D	K	E
H	G	L	T	L	C	S	O	E	S

Word List

BAKING	BLESSED	BUNNIES
CANDLES	CARROT CAKE	DINNER
VISIT	VOICES	

Easter Word Search
09

```
L  H  E  B  O  Y  Q  H  W  V
F  U  R  D  X  G  Z  M  C  T
E  M  F  H  I  K  I  T  E  U
S  E  J  I  T  S  H  M  M  G
T  A  E  Z  C  T  T  B  W  N
I  N  H  W  U  R  R  U  D  I
V  I  W  O  M  E  E  N  O  V
A  N  Y  O  L  Q  J  M  K  O
L  G  R  L  S  E  L  F  T  L
M  E  A  N  I  N  G  F  U  L
```

Word List

FESTIVAL	KITE	LOVING
MEANING	MEANINGFUL	MERCIFUL
OUTSIDE	SELF	UMBRELLA
YOUTH		

# Easter Word Search
10

B	C	H	R	I	S	T	I	A	N
A	U	I	H	K	J	A	G	U	I
Y	L	F	F	R	I	L	L	S	T
V	L	F	F	O	M	E	I	R	N
O	C	L	B	E	T	P	D	L	A
O	H	G	I	S	T	F	U	X	N
T	U	E	A	L	Z	F	J	S	E
D	R	P	D	G	Y	D	I	O	V
B	C	Z	M	O	U	M	S	Y	O
Y	H	M	J	U	L	S	O	G	C

Word List

BUFFET CHRISTIAN CHURCH
COVENANT FRILLS JOYFUL
LILLY PASTEL

Easter Word Search 11

P	C	R	U	Z	A	H	J	L	W
N	L	R	D	S	P	C	A	I	Y
Z	I	L	U	M	W	U	C	R	N
W	B	T	U	C	T	E	L	B	P
S	J	I	V	I	I	H	E	E	E
Z	R	B	R	I	V	F	A	T	J
T	O	B	N	H	L	C	I	R	S
X	K	A	P	P	E	A	R	E	D
W	Z	R	E	N	E	W	G	J	D
V	E	N	E	R	A	B	L	E	C

Word List

APPEARED	CRUCIFIED	PEACE
RABBIT	RENEW	RITUAL
SWEETS	TRIUMPH	VENERABLE

Easter Word Search
12

H	Q	U	A	N	K	Y	R	P	B
N	E	D	R	A	G	E	G	J	V
E	Y	V	H	D	S	K	C	U	D
T	S	P	X	U	W	V	E	L	N
E	I	Z	O	V	A	T	I	O	N
R	O	B	X	P	A	D	I	X	R
N	N	I	H	L	A	S	E	T	M
A	M	N	I	Y	S	L	G	K	E
L	M	P	L	I	Z	D	M	A	V
D	I	M	M	V	K	N	E	E	L

Word List

DUCKS	ETERNAL	GARDEN
KNEEL	MISSION	NOISY
OVATION	PALM	PILATE

Easter Word Search
13

K L S E R V I C E S
S O L D L I F E X N
R E M E M B E R E D
G C A T H E D R A L
O T Y Q S T I B X S
S P T U T Z A C D Q
P Q V Z J C G E X O
E Z E A L O U S D X
L B W R A P P I N G
S X Q S U P P O R T

Word List

CATHEDRAL	DEATH	GOSPELS
LIFE	REMEMBERED	SERVICES
SUPPORT	WRAPPING	ZEALOUS

Easter Word Search
14

U	T	R	X	P	H	C	T	Z	O
N	N	P	E	F	R	P	J	A	V
I	A	T	E	-	I	A	L	S	N
V	T	J	E	L	B	F	Y	G	U
E	S	B	U	L	N	I	N	E	B
R	E	T	L	Z	I	I	R	H	R
S	T	G	O	V	N	L	N	T	B
A	O	P	B	I	T	X	Y	Z	H
L	R	E	H	F	L	N	A	V	U
E	P	S	R	Y	Y	N	N	U	S

Word List

LILY	PRAYER	PROTESTANT
RE-BIRTH	SHINING	SUNNY
TULIP	UNIVERSAL	

Easter Word Search
15

K	Z	D	A	I	Z	S	I	N	N
W	M	Y	P	T	I	E	B	O	H
C	E	A	F	L	F	Y	S	I	W
C	Q	E	H	O	D	H	F	T	O
F	G	A	K	D	O	F	K	A	R
U	R	C	S	E	E	D	F	C	S
L	E	G	N	A	N	Z	D	A	H
D	A	I	S	Y	H	D	A	V	I
A	G	G	G	B	Z	N	C	L	P
O	F	U	N	C	T	I	O	N	G

Word List

ANGEL	DAISY	FOOD
FUNCTION	GLAZED HAM	VACATION
WEEKEND	WORSHIP	ZEST

Easter Word Search
16

W	M	J	A	P	G	E	E	U	E
N	E	D	E	X	O	S	U	M	U
A	M	M	G	S	E	S	I	F	D
N	O	R	L	Z	U	T	I	E	N
N	R	E	L	F	G	S	G	E	G
A	I	W	J	N	H	L	V	M	S
S	E	L	I	R	U	U	C	A	A
O	S	R	O	D	U	Z	K	S	S
H	P	V	N	Y	G	R	A	S	S
S	E	I	R	A	B	B	I	T	S

Word List

GRASS	HOSANNA	INDULGE
JESUS	MASS	MEMORIES
POSIES	RABBITS	SHROVE
SPRINGTIME		

Easter Word Search
17

A	D	O	R	A	T	I	O	N	Y
U	H	A	K	I	B	R	A	Y	A
R	C	A	N	P	C	G	T	D	D
C	G	V	P	G	D	D	O	N	D
Y	J	P	A	R	E	L	N	A	R
O	E	T	Z	Z	I	L	E	C	I
U	G	Z	A	P	E	L	M	Q	H
T	P	M	K	B	J	O	E	E	T
H	A	Z	Y	X	H	Q	N	I	S
C	A	R	R	O	T	S	T	E	U

Word List

ADORATION	AMAZED	ANGEL
APRIL	ATONEMENT	CANDY
CARROTS	THIRD DAY	YOUTH

Easter Word Search
18

Z	I	J	H	A	I	S	S	E	M
L	M	E	W	S	Z	O	S	R	M
Z	S	L	L	Z	E	G	C	E	E
O	E	L	A	W	J	L	R	V	L
I	I	Y	M	U	O	Q	I	E	A
F	D	B	B	V	Z	G	P	R	S
R	Q	E	E	H	I	W	T	E	U
G	W	A	U	F	D	V	U	N	R
J	D	N	T	P	G	U	R	C	E
T	T	S	O	G	S	Z	E	E	J

Word List

GIFTS	HUNT	JELLY BEANS
JERUSALEM	LAMB	LOVE
MESSIAH	REVERENCE	SCRIPTURE

Easter Word Search
19

F H B O U Q U E T S

Q R E G N I K A B B

N O E R V R U F E U

E X P Q O Y B L Q F

S F V V U D I T I F

L A C I N E M U C E

H B D C V H N O S X

Z F O E C Z U T V S

N O I T A L I B U J

U Z Z E N B I Z J R

Word List

BAKING	BELIEVE	BOUQUETS
ECUMENICAL	FREQUENT	HEROD
JUBILATION		

Easter Word Search
20

E	R	F	T	I	F	M	V	F	H
C	L	N	V	L	X	X	I	C	C
N	S	A	L	V	A	T	I	O	N
A	F	D	R	I	S	A	I	Y	U
L	W	P	G	M	W	R	E	H	R
I	R	N	L	E	V	K	G	E	B
G	Y	A	S	E	R	V	A	N	T
I	P	O	G	U	C	B	W	O	O
V	M	B	T	U	E	J	L	G	H
E	S	U	O	I	R	U	X	U	L

Word List

AWESOME	BRUNCH	LUXURIOUS
PALMS	SALVATION	SERVANT
TURKEY	VIGILANCE	

Easter Word Search
21

I	H	M	B	C	N	J	H	N	O
L	N	O	G	C	T	E	O	Y	R
L	G	D	P	K	F	L	A	Y	E
A	N	Q	U	E	P	L	I	Z	W
B	I	Z	C	L	P	Y	T	E	O
T	S	D	X	S	G	B	V	W	L
O	S	F	I	Q	V	E	B	T	F
O	O	D	T	X	S	A	N	R	F
F	R	B	L	L	U	N	O	C	I
Y	C	P	A	R	K	S	R	K	E

Word List

CROSSING	DISPLAY	FLOWER
FOOTBALL	HOPE	INDULGENCE
JELLY BEANS	PARKS	

G	J	P	F	F	J	H	X	R	C
N	F	R	R	Y	F	G	U	N	N
I	R	T	E	A	H	D	O	Z	Y
N	E	F	Y	L	I	I	T	S	K
N	N	W	R	W	T	S	D	M	N
I	Z	C	O	I	D	Q	I	A	F
G	Y	S	D	R	V	K	R	N	O
E	S	A	U	D	D	Y	A	U	G
B	R	S	Z	P	O	L	L	E	N
T	R	E	L	I	G	I	O	N	A

Word List

BEGINNING	FRENZY	POLLEN
PRAISING	RELIGION	TRADITION
WORD		

Easter Word Search
23

S	E	H	C	A	E	R	T	U	O
E	U	M	V	R	D	Z	V	G	K
D	P	E	R	P	L	E	X	E	D
U	M	P	A	T	T	E	R	N	C
T	G	U	H	A	S	D	Y	U	B
I	P	O	H	T	Y	R	A	X	L
T	S	X	A	O	H	O	I	E	X
L	L	H	R	O	L	L	M	M	Y
U	P	Z	N	U	V	Y	Z	R	E
M	J	U	B	I	L	A	N	T	K

Word List

HATS	HOLY	JUBILANT
LORD	MULTITUDES	OUTREACH
PATTERN	PERPLEXED	

S	C	T	G	R	N	R	U	G	A
B	H	B	N	Y	I	H	G	A	S
C	A	O	R	V	C	S	E	L	E
H	Q	P	W	U	R	L	E	B	A
I	K	F	T	E	B	H	D	C	R
L	Q	I	H	I	R	R	U	R	C
D	T	M	B	E	Z	S	L	O	H
R	R	T	T	U	L	I	P	S	I
E	J	Q	Y	Z	H	Q	N	S	N
N	E	G	G	R	O	L	L	G	G

Word List

BAPTIZING	BIBLE	CHILDREN
CROSS	EGG ROLL	RISE
SEARCHING	SHOWERS	TULIPS

Easter Word Search
25

```
G  O  F  F  I  C  I  A  L  E
U  U  S  S  F  R  J  T  K  G
I  A  Y  S  E  A  S  O  N  U
L  E  A  C  G  E  V  K  N  Y
T  U  D  M  X  P  O  Q  L  O
I  Q  M  Z  Y  S  U  I  J  F
M  I  R  C  T  E  M  F  I  X
J  N  A  E  S  A  A  N  B  C
W  U  W  T  F  L  D  I  H  D
G  V  G  A  R  M  E  N  T  S
```

Word List

FAMILY	FIND	GARMENTS
GUILT	OFFICIAL	QUEST
SEASON	SPEAR	UNIQUE
WARM DAYS		

Easter Word Search
26

S	U	T	F	U	V	U	F	T	C
L	B	A	L	L	E	L	U	I	A
I	T	A	Z	W	O	W	V	A	C
D	R	V	E	W	H	L	W	G	W
O	H	Z	E	Y	J	I	M	Q	I
F	V	R	D	H	R	X	P	U	N
F	S	O	R	I	R	G	W	E	E
A	B	P	O	H	Y	N	N	U	B
D	N	B	B	A	P	T	I	S	M
E	T	A	L	O	C	O	H	C	N

Word List

ALLELUIA	BAPTISM	BODY
BUNNY HOP	CHOCOLATE	DAFFODILS
FLOWERS	WHIP	WINE

Easter Word Search
27

S	W	I	T	N	E	S	S	E	S
H	O	L	Y	S	P	I	R	I	T
H	I	D	E	H	V	H	T	Z	T
P	B	T	B	C	C	H	Z	R	L
H	A	Q	P	R	U	K	R	L	U
S	C	R	A	E	R	I	D	E	X
R	W	M	A	S	W	H	J	T	W
H	M	L	A	D	O	Q	U	J	T
S	R	I	E	Q	E	X	R	F	L
F	U	L	F	I	L	L	E	D	V

Word List

FULFILLE
D
MARCH
WEPT

HIDE

PARADE
WITNESSE
S

HOLY SPIRIT

RIDE

Easter Word Search
28

G	C	G	O	E	G	P	T	F	L
S	S	O	L	U	R	V	U	H	M
D	S	E	N	O	M	J	X	E	V
C	E	F	L	Q	R	V	Y	W	I
K	M	N	E	A	U	I	B	R	N
X	F	I	R	E	T	E	O	B	B
I	K	F	D	U	Y	E	R	U	G
N	V	I	N	Z	O	G	L	E	S
K	U	D	E	C	Y	M	Y	D	D
G	Y	R	T	S	I	N	I	M	I

Word List

CONQUERED	GLORIOUS	GUIDE
IDLE TALES	MINISTRY	MOURNED

Easter Word Search
29

N	S	Y	M	B	O	L	R	S	W
L	A	B	V	L	Y	E	A	K	D
Q	U	A	C	K	L	C	M	S	J
Z	L	S	F	A	R	G	G	T	R
A	L	J	X	I	Y	N	S	A	D
B	U	I	F	P	I	M	I	E	R
S	N	I	G	T	Y	N	R	R	J
G	C	F	A	Z	S	I	S	T	A
E	W	E	W	Y	T	L	C	M	X
X	B	T	L	L	I	G	I	V	V

Word List

BEATING	QUACK	RAIN
RELAXING	SACRIFICE	SYMBOL
TIRED	TREATS	VIGIL

Easter Word Search

L	C	M	E	S	S	A	G	E	Z
I	I	H	F	K	P	E	M	Z	C
G	L	N	O	T	B	Z	R	M	H
H	K	Y	F	C	V	I	X	L	A
T	L	H	K	L	O	R	D	C	P
B	B	P	U	H	U	L	P	I	E
P	W	U	C	M	L	E	A	D	L
O	E	F	N	V	B	H	N	T	K
W	P	X	K	N	I	L	Z	C	E
V	L	E	W	J	Y	P	E	R	E

Word List

BUNNY	CHAPEL	CHOCOLATE
CHOIR	HUMBLE	INFLUENCE
LIGHT	MESSAGE	

Easter Word Search
31

R	E	V	E	R	E	D	K	E	E
M	H	V	R	H	G	F	N	A	X
B	E	F	P	Y	N	G	I	S	P
X	S	A	H	Y	N	T	S	T	R
I	C	O	M	I	D	E	Y	E	E
A	T	M	N	B	B	E	M	R	S
B	U	N	T	T	B	W	T	E	S
Y	U	X	I	F	Z	S	Y	G	I
R	P	F	E	I	L	E	B	G	O
D	E	L	I	C	I	O	U	S	N

Word List

BELIEF	DELICIOUS	EASTER EGG
EXPRESSION	REVERED	RUNNING
SWEET	YUMMY	

Easter Word Search
32

J	A	P	C	R	O	O	A	I	F
V	K	O	R	H	I	A	X	R	E
W	P	Q	K	I	F	T	U	U	S
L	N	Y	G	C	O	M	E	Y	T
R	J	E	H	C	R	R	L	S	I
M	A	U	N	D	Y	A	I	C	V
Z	I	I	B	O	M	S	L	T	E
O	K	L	J	B	N	P	U	A	Y
Z	F	N	S	P	E	C	I	A	L
O	O	X	X	F	I	K	T	N	W

Word List

FESTIVE	LAMB	MAUNDY
PRIORITY	RITE	SPECIAL
	S	

Easter Word Search
33

C	L	G	C	F	H	W	D	B	W
O	T	R	Y	T	O	Y	U	J	Z
L	T	A	C	L	Q	C	Q	L	J
L	Z	V	L	I	K	I	L	C	S
E	P	E	F	S	P	R	I	N	G
C	Y	T	X	O	N	I	U	Q	E
T	V	O	L	U	N	T	E	E	R
I	A	W	A	R	E	N	E	S	S
O	W	A	R	R	E	S	T	E	D
N	K	O	O	D	L	Z	O	R	L

Word List

ARRESTED	AWARENESS	COLLECTION
EQUINOX	GRAVE	SPRING
VOLUNTEER	YELLOW	

Easter Word Search
34

P	N	D	H	F	K	E	E	N	V
F	I	S	S	H	F	E	H	J	H
G	W	L	O	B	O	K	X	L	S
N	F	Z	L	P	W	P	T	A	P
L	B	U	A	A	O	H	T	A	Y
Y	P	Y	C	W	R	W	S	J	G
R	O	B	E	S	S	S	E	J	G
A	Q	Q	U	S	I	F	M	R	Y
M	F	K	H	O	P	P	I	N	G
M	Z	A	N	G	P	W	Z	G	A

Word List

HOPPING	KEEN	MARY
PASSION	PILLARS	POWER
ROBES	SOLACE	

Easter Word Search
35

O	B	A	S	K	E	T	B	Y	Z
W	I	N	D	O	E	J	Y	L	Y
U	A	J	B	N	S	M	A	T	O
C	O	C	N	M	K	V	P	R	X
G	O	O	C	O	H	M	P	I	U
F	B	L	S	L	E	J	M	C	N
P	R	D	O	E	A	S	T	E	R
B	M	D	P	R	D	I	P	Z	M
C	O	L	O	R	H	O	M	E	F
W	O	R	S	H	I	P	P	E	D

Word List

ACCLAIM	BASKET	BONNET
COLOR	COLOR	EASTER
EMPTY	HOME	WIND
WORSHIPPED		

Easter Word Search
36

R	P	S	F	E	E	P	P	P	S
H	E	M	E	D	L	R	L	C	P
E	J	M	A	R	O	L	S	J	R
T	T	T	E	G	V	G	K	T	O
I	N	N	R	M	N	I	S	C	U
H	G	A	Q	I	B	B	C	Z	T
W	M	K	D	U	R	E	W	E	E
B	U	A	L	E	N	T	R	J	D
L	E	G	O	F	L	A	M	B	W
R	L	A	W	E	N	E	R	D	N

Word List

LEG OF LAMB	LENT	PROGRAM
READINGS	REMEMBER	RENEWAL
SERVICE	SPROUTED	WHITE

Easter Word Search
37

A C H A L L E N G E

V B K D F J I S G A

T L S G D A Y G S C

H L L T T F H C P T

J Q R R I U E G P U

M W U C N N N X K W

X C U T D I E S M D

S R Z E Y R I N B Y

C F D D T K F U C F

Y T I N U M M O C E

Word List

ABSTINENCE   ASCENDED   CHALLENGE
COMMUNITY   CRUCIFY   CURTAIN
DYING   EGG HUNT

Easter Word Search
38

P	N	E	S	T	S	W	A	B	R
T	U	T	P	R	O	M	I	S	E
N	I	R	A	M	U	W	A	V	R
E	V	E	P	J	X	O	A	A	W
M	Q	A	I	L	Z	S	T	K	I
T	Z	S	U	V	E	L	F	Z	A
C	U	U	Q	U	A	I	N	T	R
A	W	R	S	P	N	M	R	D	R
N	U	E	H	J	H	H	B	U	A
E	G	F	V	D	R	F	O	R	Y

Word List

ALTAR	ARRAY	ENACTMENT
NEST	PROMISE	PURPLE
QUAINT	SAVE	TREASURE

Easter Word Search
39

N	L	O	K	Y	W	E	D	E	S
Y	A	A	P	V	N	U	D	Q	E
N	M	O	V	I	I	U	Z	G	W
N	E	U	D	E	T	T	O	Z	U
U	S	S	N	I	N	L	G	Y	R
B	W	V	T	U	D	D	K	B	T
K	R	A	H	X	K	K	E	N	D
V	R	G	G	D	G	Z	X	R	A
G	G	X	K	C	H	I	C	K	M
E	Z	F	P	R	R	V	L	V	L

Word List

BUNNY	CHICK	DINE
EGG	GOLD	GRATITUDE
HUNT		
LAVENDER		

Easter Word Search
40

W	N	K	S	Z	H	R	C	G	C
H	K	D	K	E	V	I	L	A	O
S	Y	Q	C	U	L	Z	Q	H	N
I	A	M	I	O	V	W	C	V	F
V	L	N	H	N	A	T	U	R	E
A	J	T	C	O	Z	H	A	C	C
L	A	B	Y	T	R	K	A	N	T
C	B	X	B	U	I	L	C	R	I
J	C	C	A	C	I	T	D	X	O
X	I	G	B	L	A	O	Y	L	N

Word List

ALIVE	BABY CHICKS	CATHOLIC
CONFECTION	LAVISH	LILAC
NATURE	SANCTITY	

Easter Word Search
41

T	E	R	U	T	A	E	F	L	M
F	S	L	N	K	B	M	R	I	K
N	A	O	U	H	M	B	M	L	D
K	G	S	H	D	O	T	C	I	I
P	U	P	T	G	O	L	P	E	K
V	L	R	A	I	Y	O	L	S	Q
M	Z	A	U	P	N	L	G	E	C
P	R	X	N	X	E	G	O	A	R
Q	L	C	L	T	M	R	E	H	V
L	G	M	A	R	S	H	E	W	A

Word List

FASTING	FEATURE	GOOD
HOLLER	HOLY GHOST	LILIES
MARSH	PAPER	PLANTS

Easter Word Search
42

```
O   U   L   T   I   M   A   T   E   D
V   S   P   I   R   I   T   U   A   L
D   H   L   I   D   F   C   E   M   E
O   R   Q   G   K   F   R   Z   X   M
Z   J   E   T   M   B   L   A   A   X
U   D   I   S   C   O   V   E   R   Y
T   H   U   R   S   D   A   Y   Q   N
R   X   J   L   X   U   B   C   B   D
Z   D   S   O   N   G   P   C   I   U
Q   C   Y   Y   S   L   E   G   N   A
```

Word List

ANGELS	BREAD	DISCOVERY
DRESS UP	SONG	SPIRITUAL
THURSDA	ULTIMATE	
Y		

Easter Word Search
43

G T G U G G K Y H W

L N V I J O K C U D

A E I L S O P K W Z

U M R D A Z A C T N

G E T P I U I S I F

H T E P M H N H O K

I I I E B M T C Z Z

N C M D D I U M H G

G X K E A S A S K M

I E L F T B U E C K

Word List

DUCK	EXCITEMENT	FAITH
FOCUS	HIDING	LAUGHING
LAUNCH	PAINT	

```
N   P   E   S   Z   N   C   F   C   J
O   K   K   F   L   H   X   N   G   I
I   N   V   E   A   L   I   N   D   S
S   X   X   P   N   A   I   E   X   X
S   C   E   B   T   T   S   R   E   K
E   L   I   R   P   S   G   Z   F   G
F   L   U   M   E   X   D   D   C   G
N   C   E   L   G   N   Y   L   V   G
O   T   B   O   P   R   E   A   C   H
C   L   R   O   L   O   C   G   W   W
```

Word List

BLESSED	CHAPEL	COLOR
CONFESSION	CURTAIN	FRILLS
PREACH	TEMPTING	

Easter Word Search
45

T	T	E	X	Y	C	I	N	L	Y
T	C	E	T	O	R	P	A	N	Y
W	M	I	G	D	D	W	N	G	I
L	N	A	J	P	E	U	R	J	M
U	I	M	U	N	S	A	U	Q	V
M	T	L	E	N	S	C	K	K	K
S	V	R	Y	S	D	P	E	S	M
Y	M	Z	N	P	X	Y	O	I	Y
S	P	R	I	N	G	T	I	M	E
K	E	C	N	E	U	L	F	N	I

Word List

GRASS	INFLUENCE	LILY
MAUNDY	PROTECT	RENEWAL
SPRINGTIME	SUNNY	UNITY

Easter Word Search
46

N	E	G	G	R	O	L	L	S	H
K	E	E	W	Y	L	O	H	S	V
F	O	Q	L	W	K	R	H	G	A
E	E	P	K	T	I	E	T	G	G
T	F	O	O	D	Y	N	U	E	N
E	U	N	O	P	N	N	W	D	I
R	F	P	A	R	Y	I	Q	E	Y
N	B	W	R	O	P	D	A	Y	D
A	N	G	Z	K	Y	U	R	D	Y
L	E	T	A	L	O	C	O	H	C

Word List

CHOCOLATE	DINNER	DYED EGGS
DYING	EGG ROLL	ETERNAL
FOOD	HOLY	
	WEEK	

Easter Word Search
47

J	N	J	B	P	J	V	T	S	N
Z	E	E	O	Q	S	N	J	O	F
M	S	R	Q	Y	A	J	T	S	J
C	E	M	U	L	F	I	F	O	O
H	X	S	I	S	C	U	W	L	S
D	T	B	S	E	A	O	L	A	E
E	U	U	A	I	P	L	Q	C	P
J	S	B	O	E	A	Q	E	E	H
N	L	G	K	Y	R	H	L	M	A
E	A	I	U	L	E	L	L	A	G

Word List

ALLELUIA	JERUSALEM	JOSEPH
JOYFUL	JUBILANT	MESSIAH
NOTICEABLE	SOLACE	YOUTH

Easter Word Search
48

```
S  V  F  O  R  T  U  N  E  A
F  A  J  G  C  G  I  C  E  L
E  V  I  T  A  R  O  C  E  D
A  E  Y  Q  N  D  E  A  F  G
T  R  V  N  D  M  M  R  I  C
U  O  N  W  L  H  P  L  N  K
R  M  D  C  E  H  T  Z  E  N
E  C  C  X  S  L  Y  H  R  Z
E  T  A  H  O  L  Y  D  Y  K
T  I  R  I  P  S  Y  L  O  H
```

Word List

CANDLES	DECORATIVE	EMPTY
FEATURE	FINERY	FORTUNE
HOLY	HOLY SPIRIT	

Easter Word Search
49

C	N	V	I	G	I	L	V	Q	H
K	O	L	O	R	D	A	A	A	Z
C	I	N	D	O	C	O	N	Z	N
I	T	Z	F	A	M	N	B	O	K
H	A	E	T	E	A	H	I	V	W
C	R	I	D	S	C	G	P	O	Y
W	O	D	O	C	I	T	L	X	E
N	C	H	E	L	N	L	I	I	J
A	E	D	E	D	E	Z	W	O	D
J	D	R	M	Y	J	B	D	L	N

Word List

CHICK	CONFECTION	DECORATION
HOSANNA	LORD	RELIGION
VACATION	VIGIL	YELLOW

G	P	R	E	A	C	H	E	A	T
K	T	K	C	S	S	Z	D	L	J
C	Q	M	E	T	O	A	U	P	R
T	B	L	A	S	T	T	T	O	S
R	F	E	K	E	E	B	I	L	B
P	R	S	N	U	K	K	T	L	B
T	A	Y	V	G	C	J	A	E	T
Y	J	L	S	I	A	V	R	N	J
Y	U	P	M	C	R	J	G	T	O
E	O	C	S	H	R	O	V	E	P

Word List

GRATITUDE	GUEST	PALM
POLLEN	PREACH	RACKET
SELF	SHROVE	TREATS

Easter Word Search 01

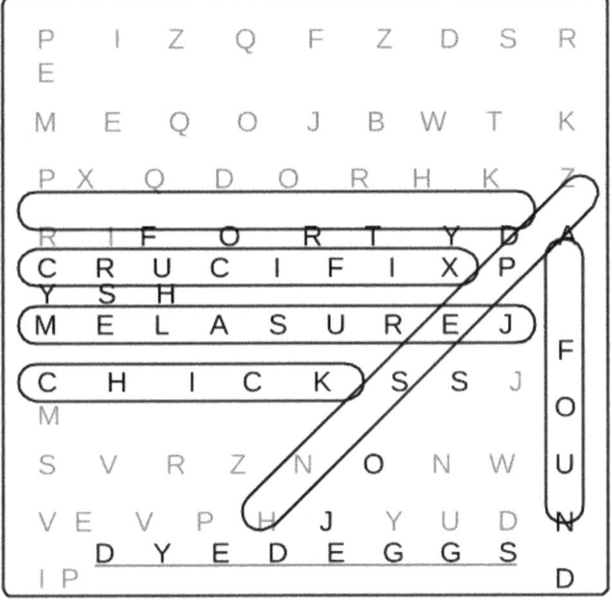

Easter Word Search 02

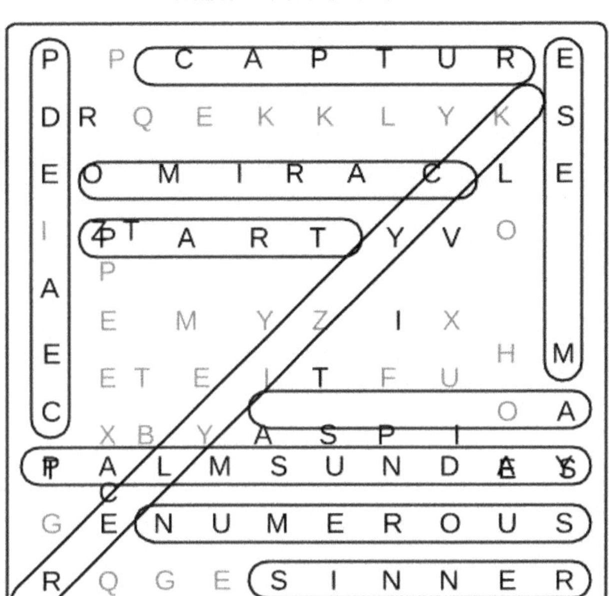

Easter Word Search 03

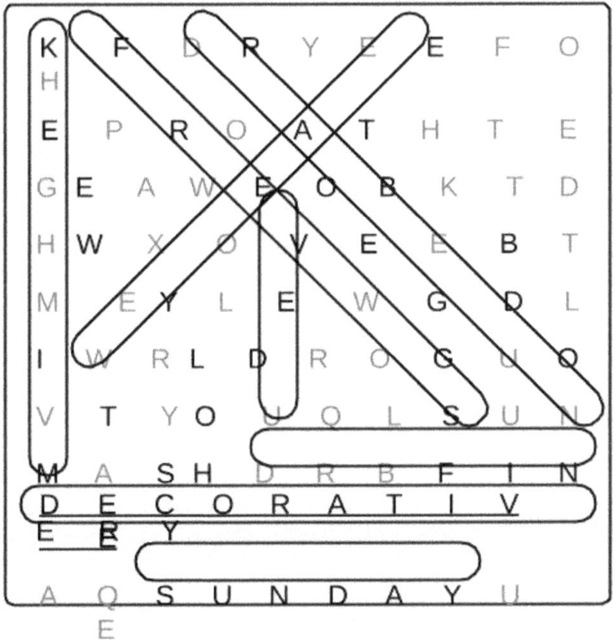

Easter Word Search 04

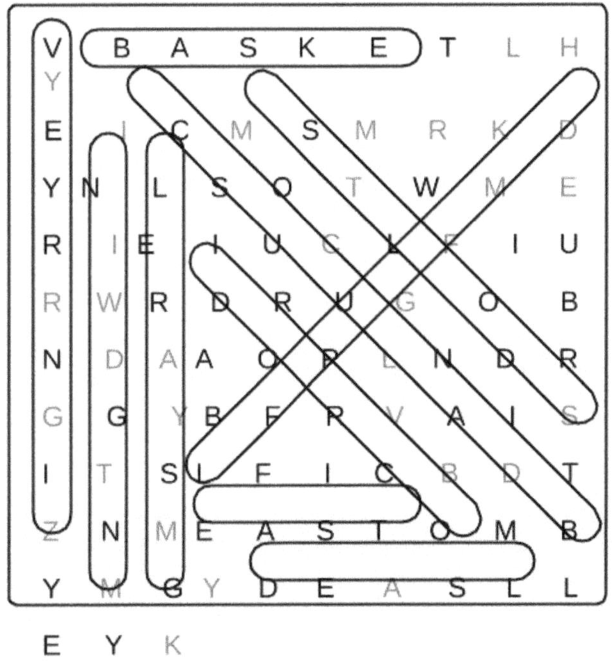

Easter Word Search 05

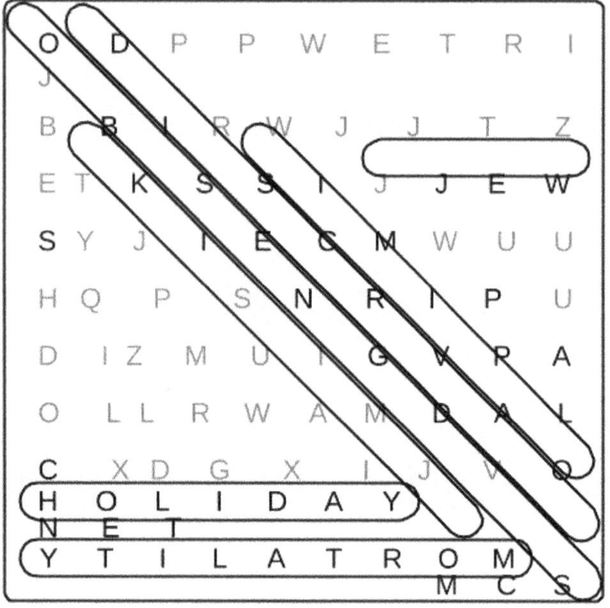

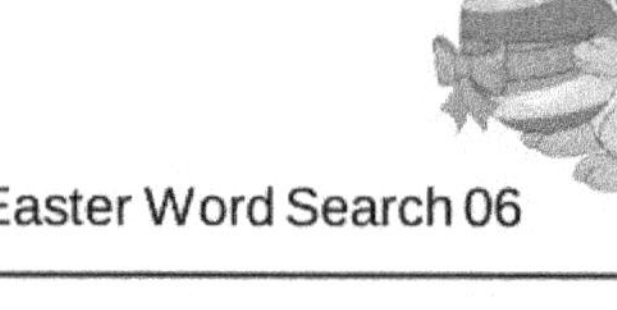

Easter Word Search 06

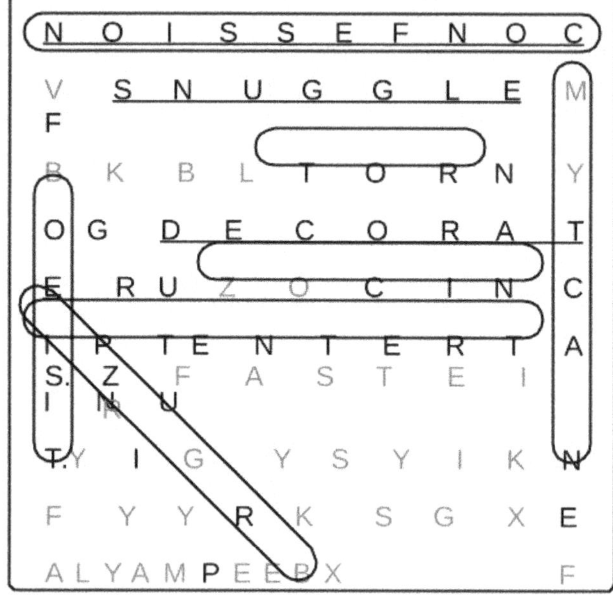

Easter Word Search 07

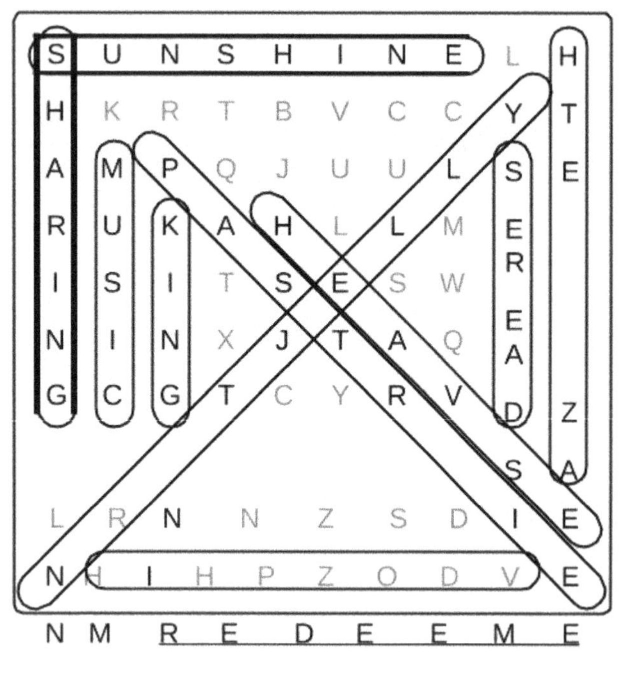

Easter Word Search 08

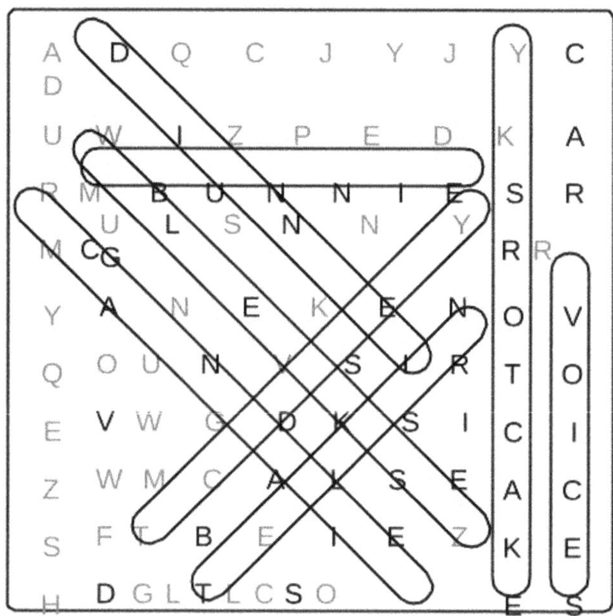

Easter Word Search 09

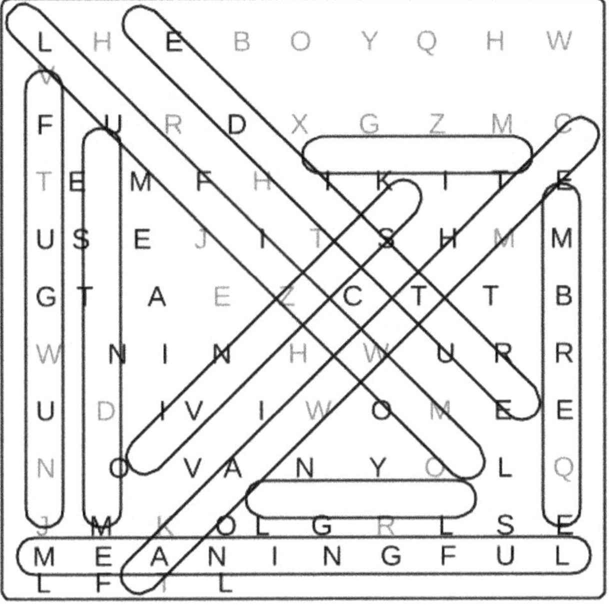

Easter Word Search 10

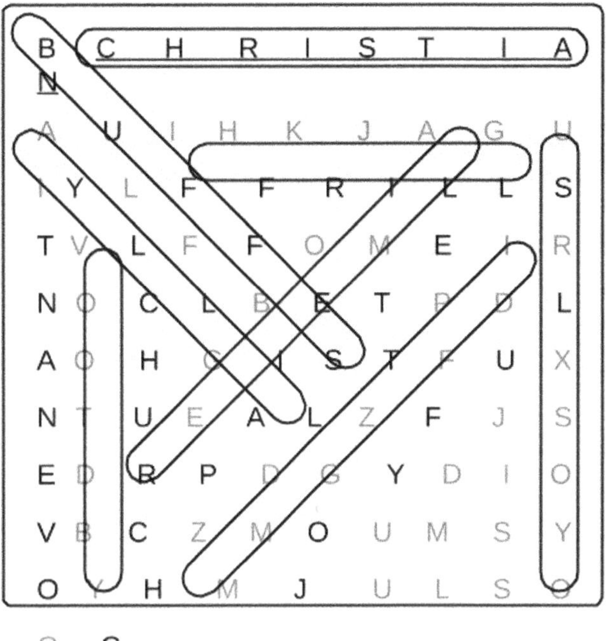

Easter Word Search 11

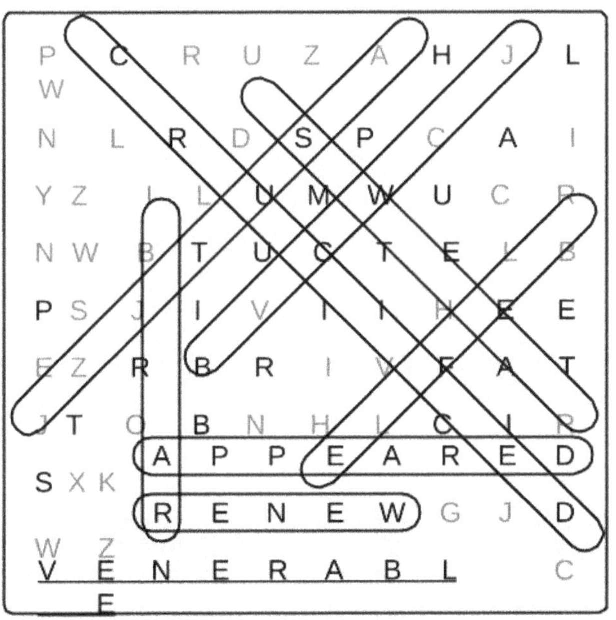

Easter Word Search 12

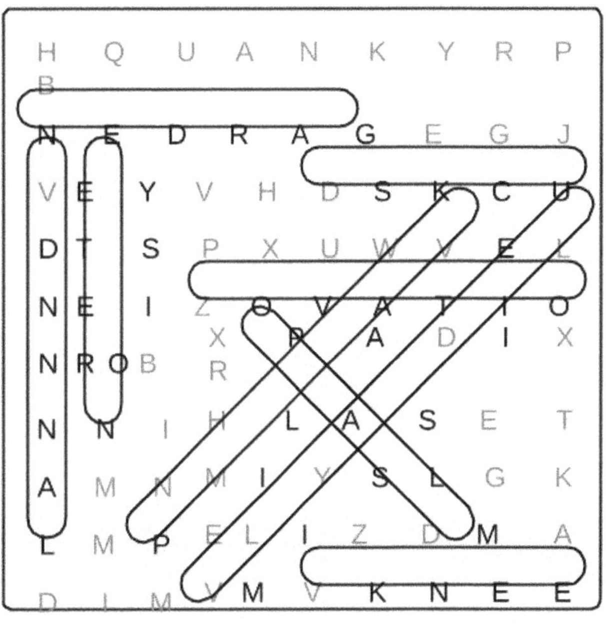

Easter Word Search 13

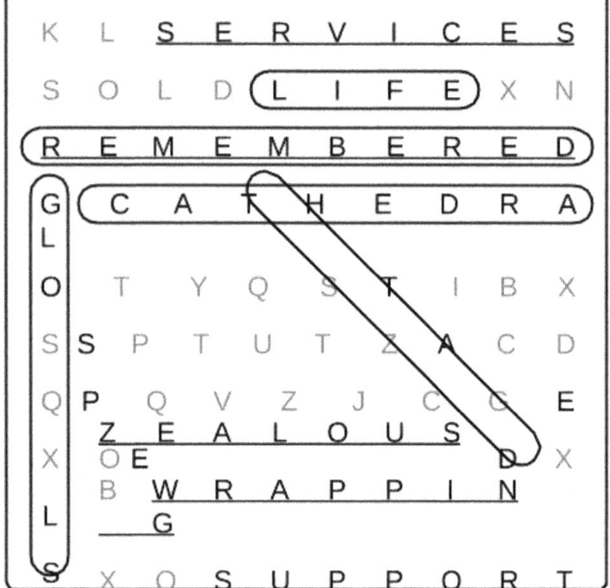

```
K L S E R V I C E S
S O L D L I F E X N
R E M E M B E R E D
G C A T H E D R A
L   T Y Q S T I B X
O
S S P T U T Z A C D
Q P Q V Z J C G E
X Z E A L O U S D X
L O E                 
  B W R A P P I N
S     G
  X Q S U P P O R T
```

Easter Word Search 14

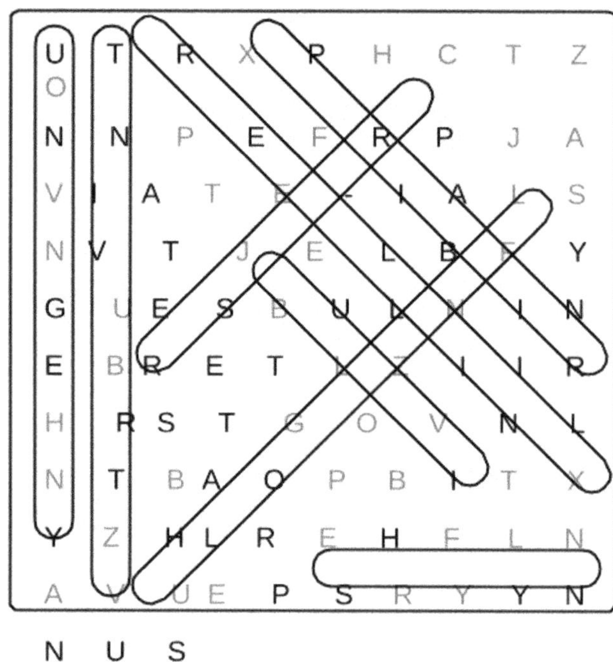

```
U T R X P H C T Z
O N
N N P E F R P J A
V I A T E I A L S
N V T E L B Y
G U E S B U N N I N
E B R E T I I R
H R S T G O V N L
N T B A O P B I T X
Y Z H L R E H F L N
A V U E P S R Y Y N
    N U S
```

Easter Word Search 15

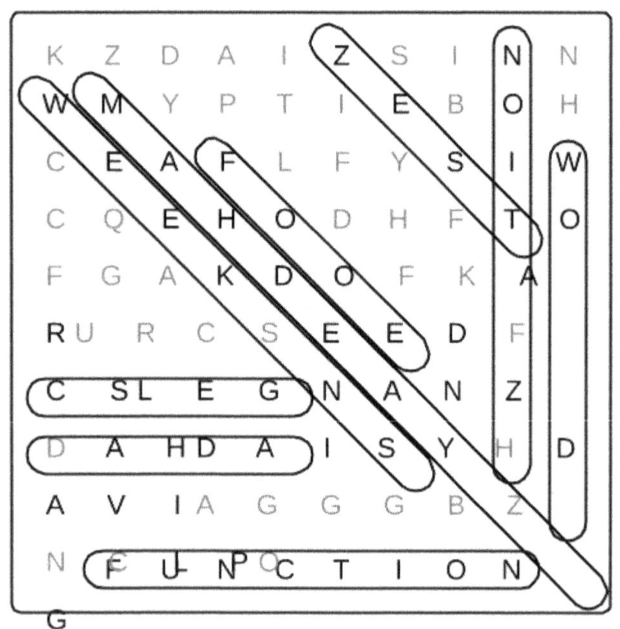

```
K Z D A I Z S I N N
W M Y P T I E B O N H
C E A F L F Y S I I W
C Q E H O D H F T O
F G A K D O F K A
R U R C S E E D F
C S L E G N A N Z
D A H D A I S Y H D
A V I A G G G B Z
N F U N C T I O N
G
```

Easter Word Search 16

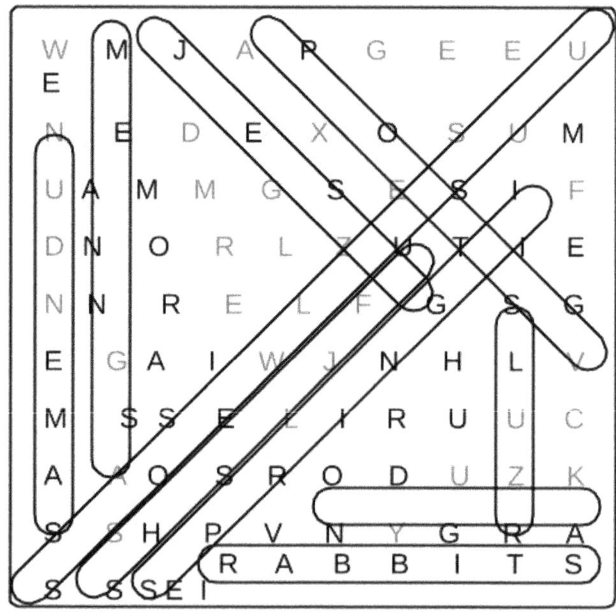

```
W M J A R G E E U
E
N E D E X O S U M
U A M M G S S S I F
D N O R L F I T N E
N N R E L F G S G
E G A I W J N H L V
M S S E L I R U U C
A O S R O D U Z K
S H P V N Y G R A
S S E I R A B B I T S
```

Easter Word Search 17

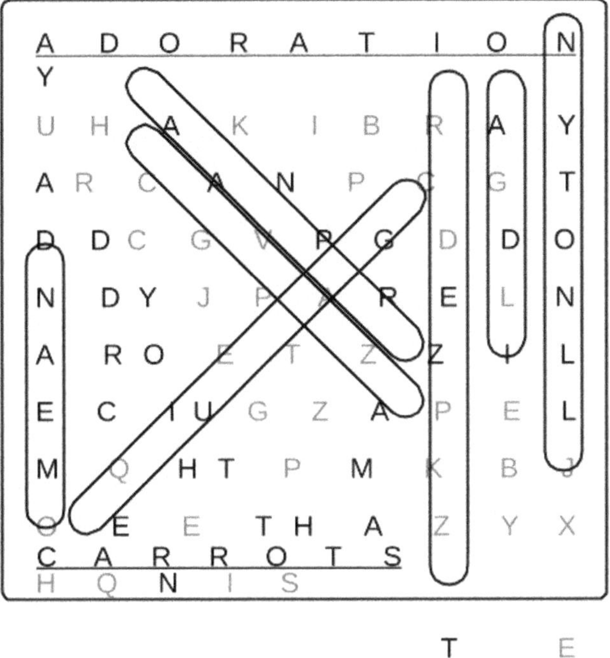

```
A D O R A T I O N        N
Y                        Y
U H  A K I B R  A  R      T
A R  C A N P G  G         O
D D C G V R G  D  D       N
N D Y J P  R E            L
A R O E T Z Z            L
E C I U G Z A P  P  E    L
M Q H T P M  K  B
O E E T H A  Z  Y  X
C A R R O T S
H Q N I S
                    T        E
                             U
```

Easter Word Search 18

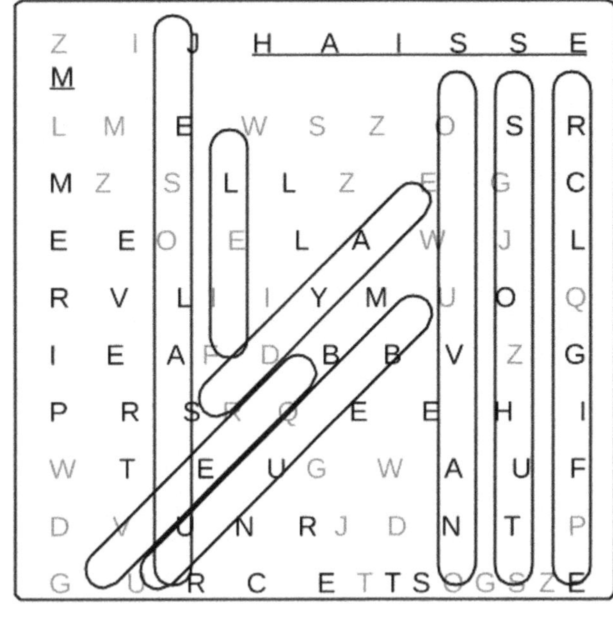

```
Z  I  J  H A I S S E
M       E                S  E
L M  E W S Z O      S  R
M Z  S L L Z  E     G  C
E E  E L  A  W  J   L
R V  L I I Y M  U   O  Q
I E A D  B  B  V  Z  G
P R S R Q E E H  I
W T  E U G W A  U  F
D V  N R J D N  T  P
G U  R C E T T S G S Z
E J
```

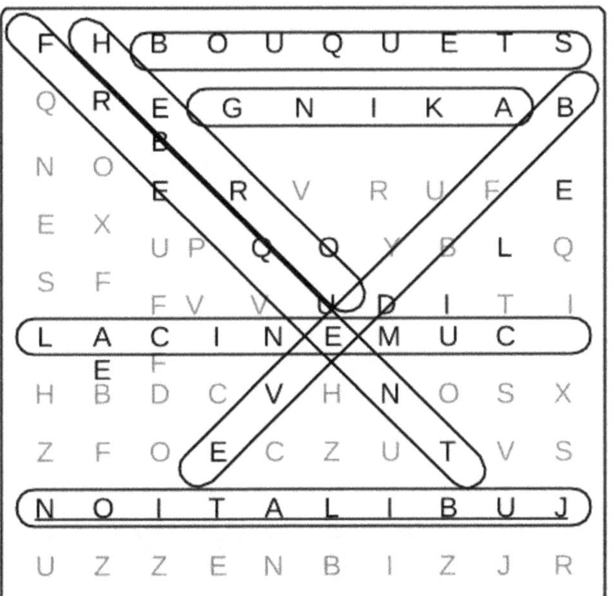

Easter Word Search 19

```
F H B O U Q U E T S
Q R E G N I K A  B
N O B E R V R U F  E
E X  U P C Q Y B L  Q
S F  F V V D I T
L A C I N E M U C
    E F
H B D C V H N O S  X
Z F O E C Z U T V  S
N O I T A L I B U J
U Z Z E N B I Z J  R
```

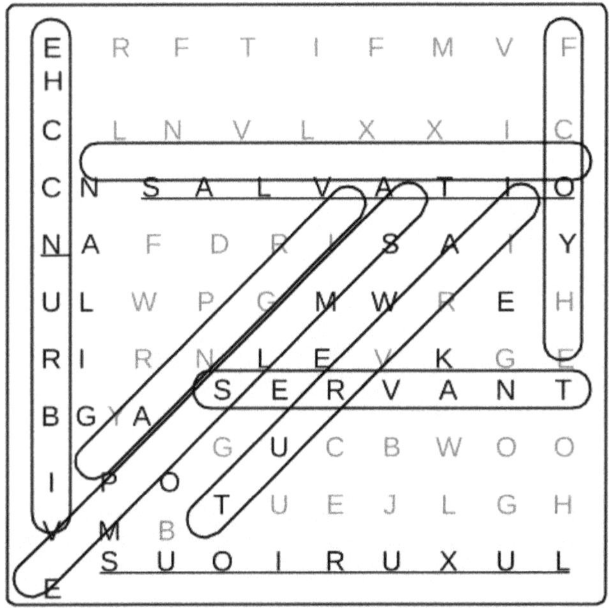

Easter Word Search 20

```
E R F T I F M V  F
H
C L N V L X X I  C
C N S A L V A T I O
N A F D R I S A I  Y
U L W P G M W R E  H
R I R N L E V K G  E
B G Y A S E R V A N T
I P O G U C B W O  O
I M B T U E J L G  H
S U O I R U X U L
E
```

Easter Word Search 21

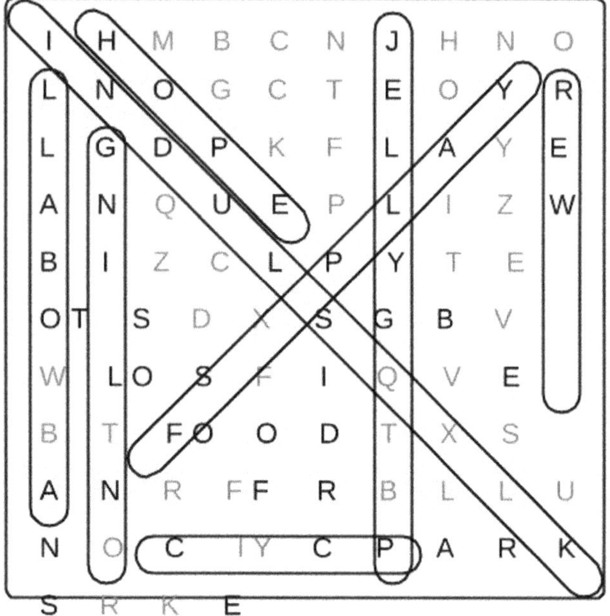

Easter Word Search 22

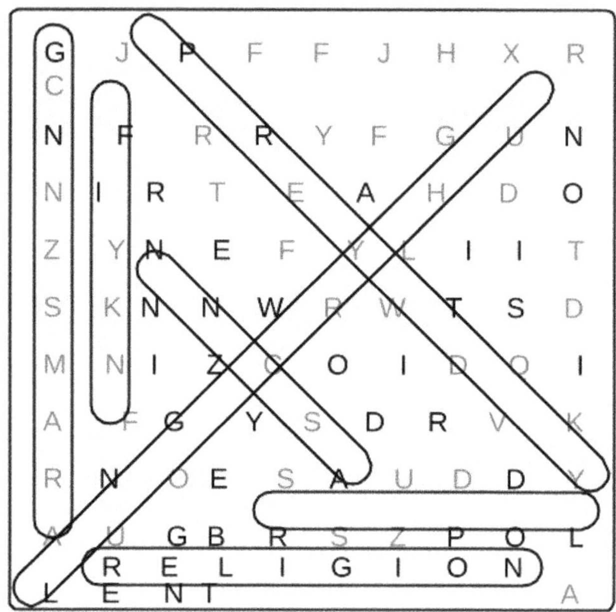

Easter Word Search 23

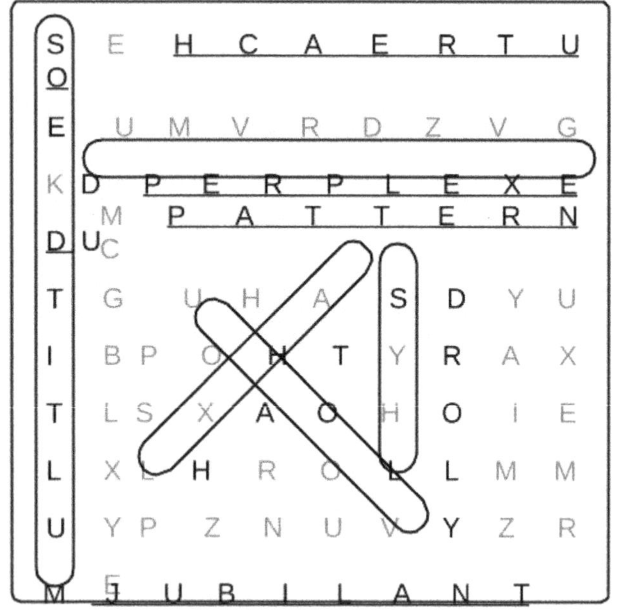

Easter Word Search 24

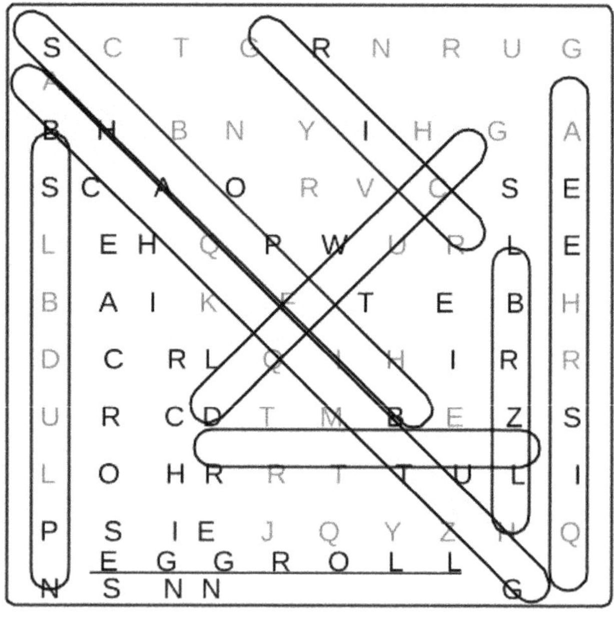

Easter Word Search 25

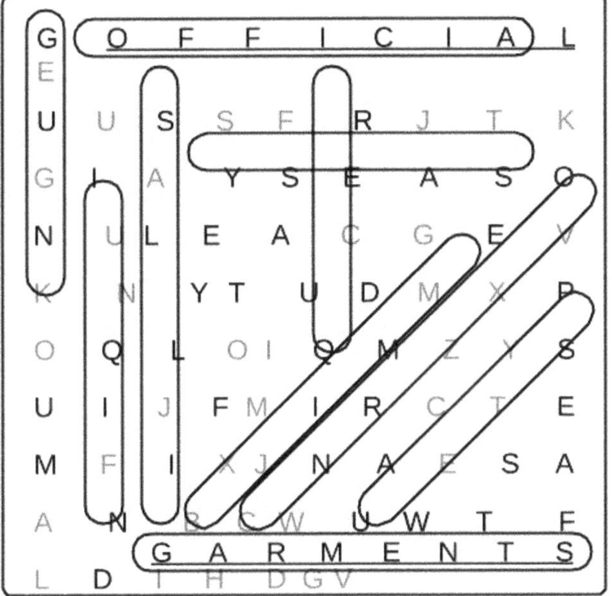

Easter Word Search 26

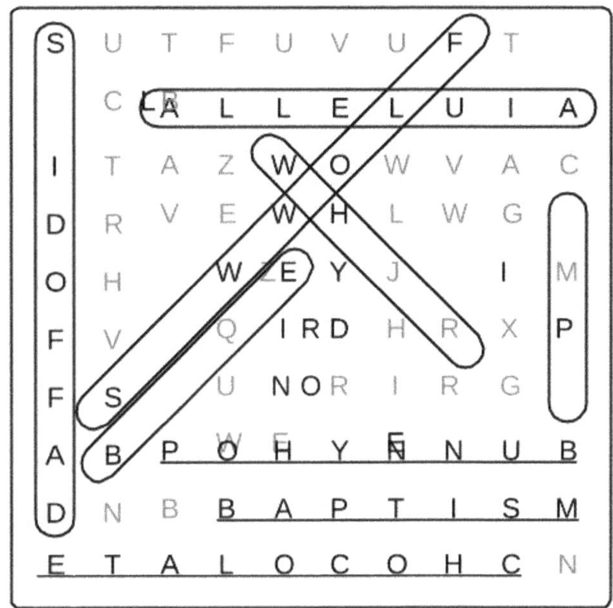

Easter Word Search 27

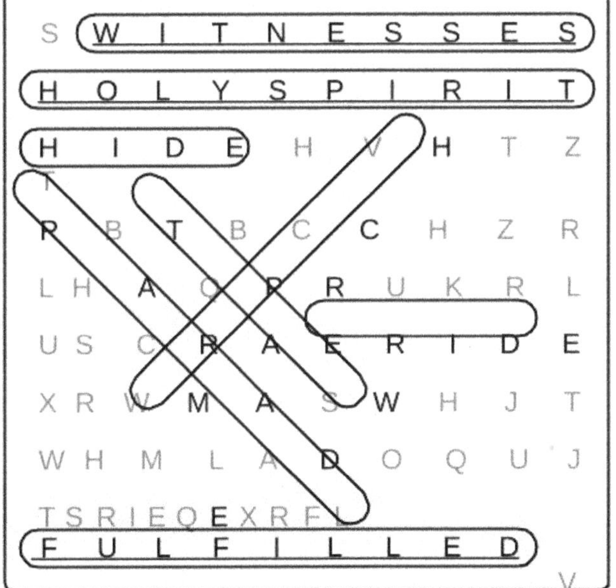

Easter Word Search 28

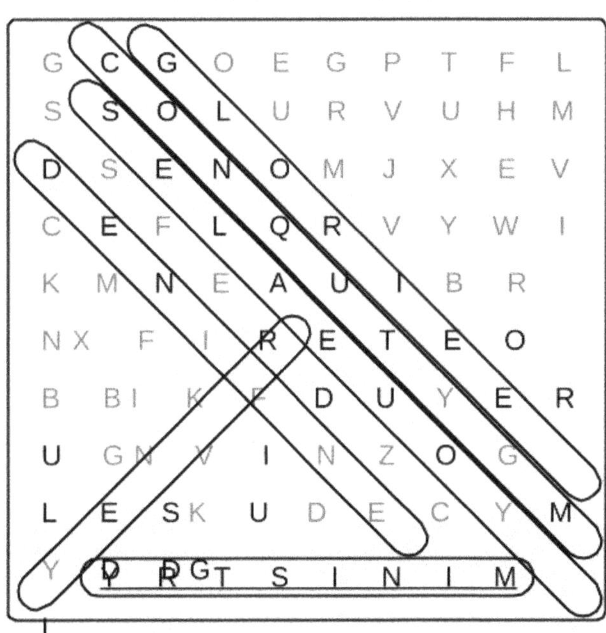

Easter Word Search 29

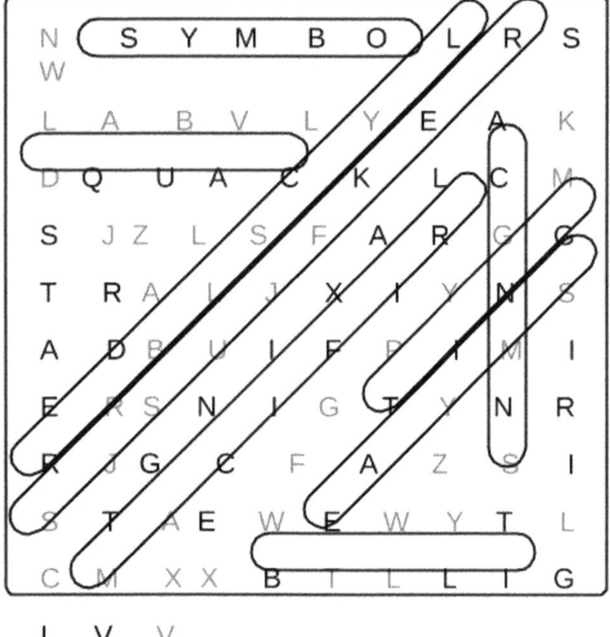

Easter Word Search 30

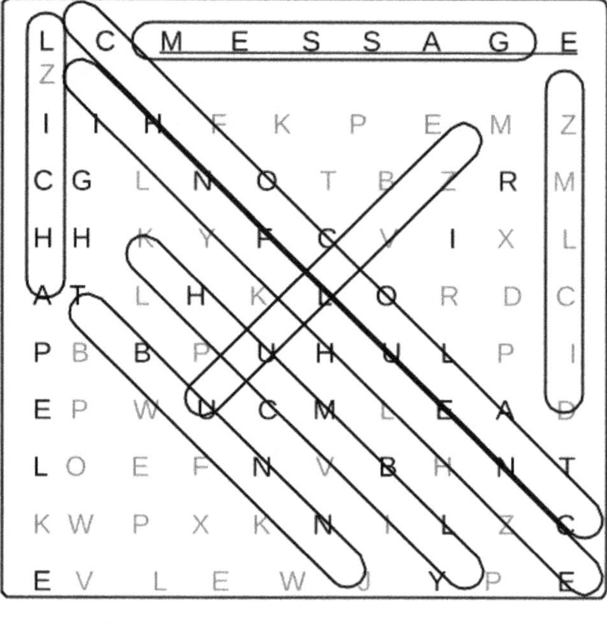

Easter Word Search 31

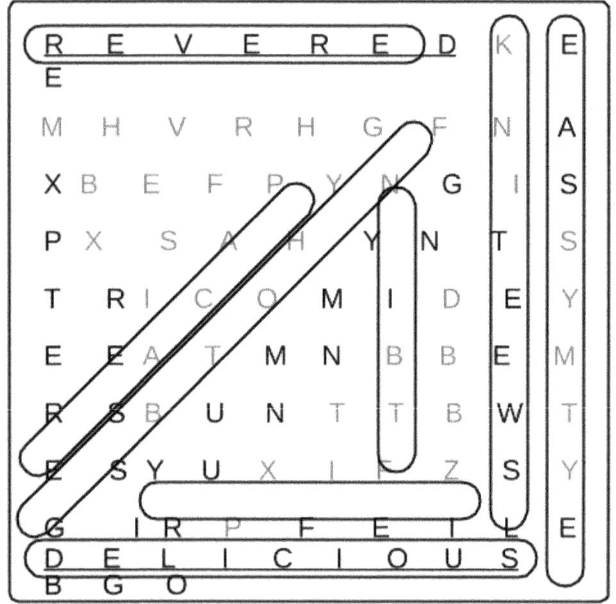

Easter Word Search 32

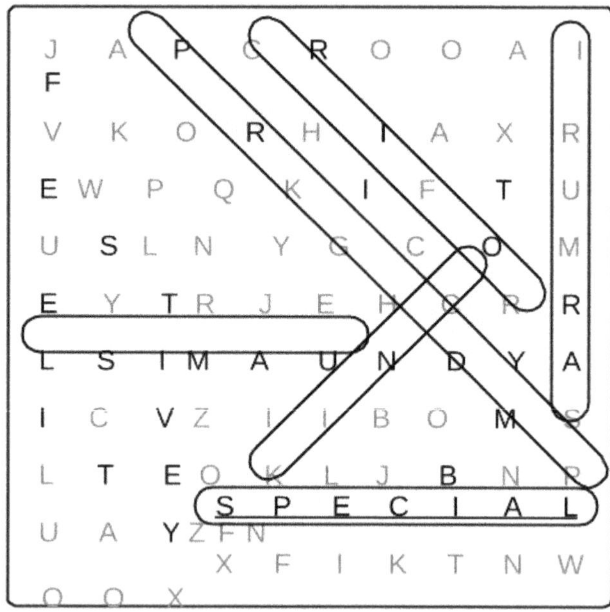

Easter Word Search 33

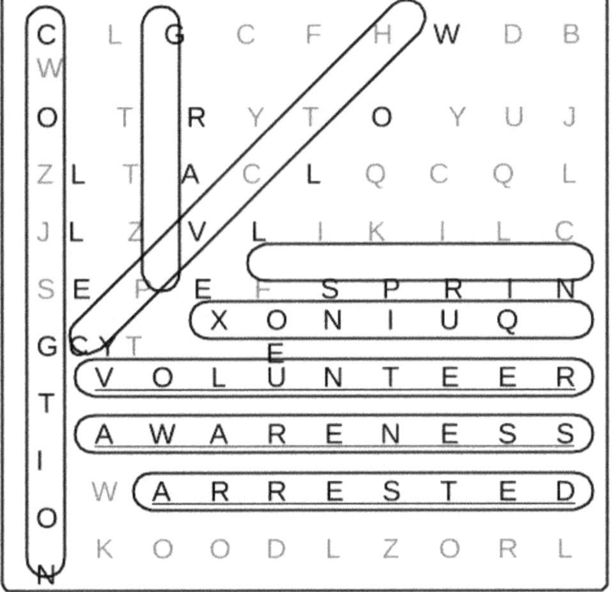

Easter Word Search 34

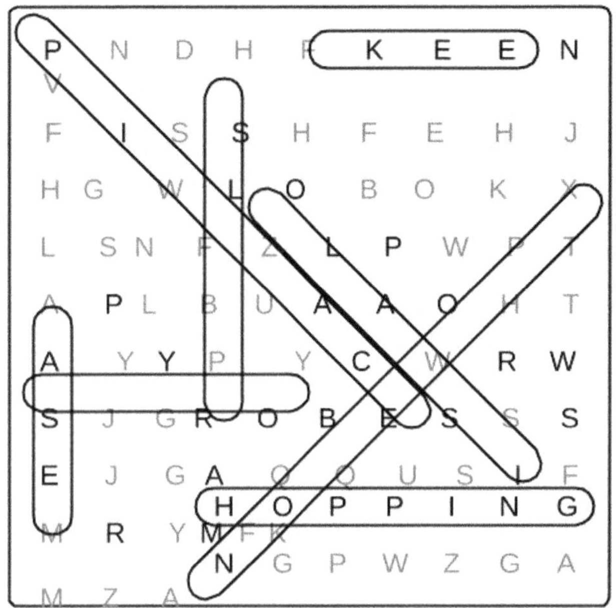

Easter Word Search 35

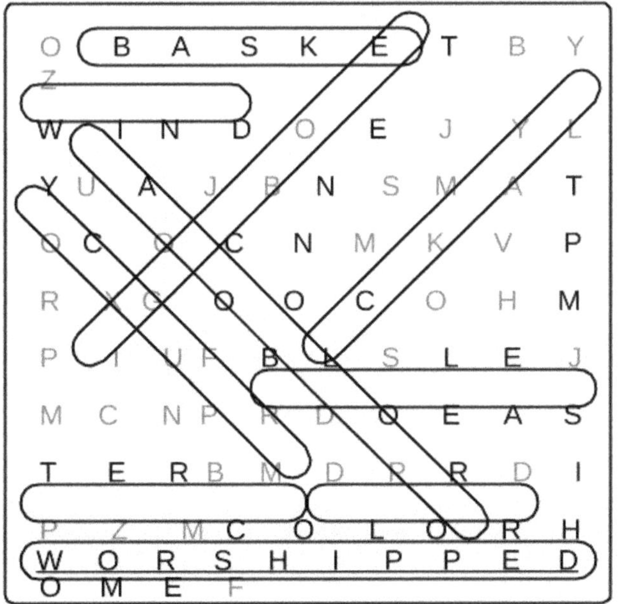

Easter Word Search 36

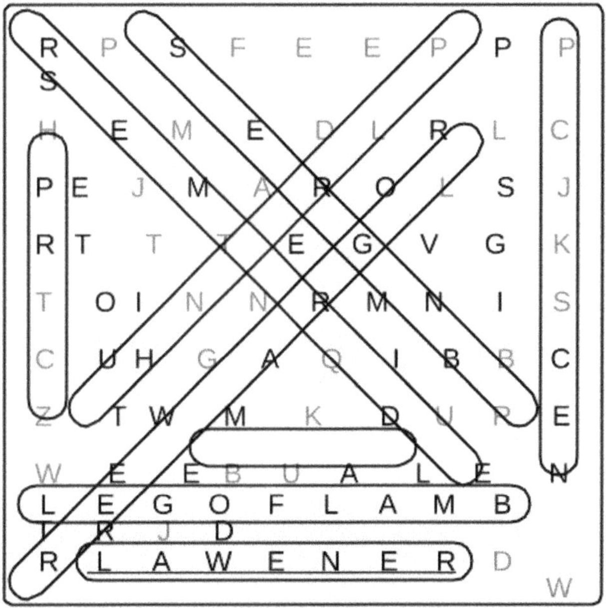

Easter Word Search 37

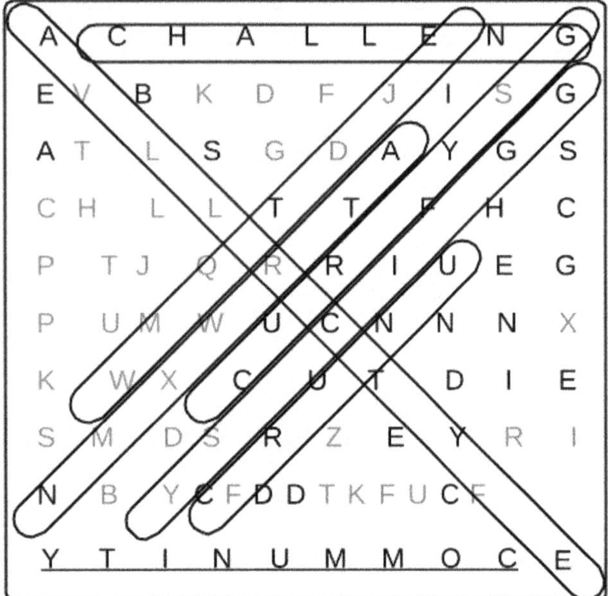

```
A C H A L L E N G
E V B K D F J I S G
A T L S G D A Y G S
C H L L T T F H C
P T J Q R R I U E G
P U M W U C N N N X
K W X C U T D I E
S M D S R Z E Y R I
N B Y C F D D T K F U C F
Y T I N U M M O C E
```

Easter Word Search 38

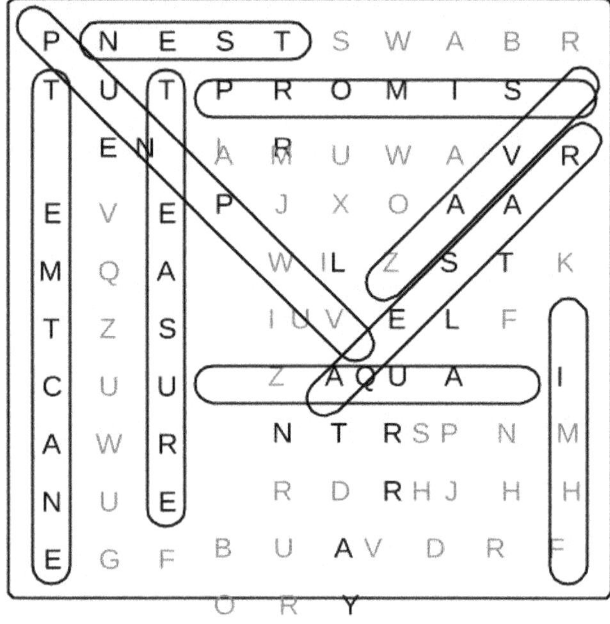

```
P N E S T S W A B R
T U T P R O M I S
E N A R U W A V R
E V E P J X O A A
M Q A W I L Z S T K
T Z S I U V E L F
C U R Z A Q U A I
A W E N T R S P N M
N U R D R H J H H
E G F B U A V D R F
         O R Y
```

Easter Word Search 39

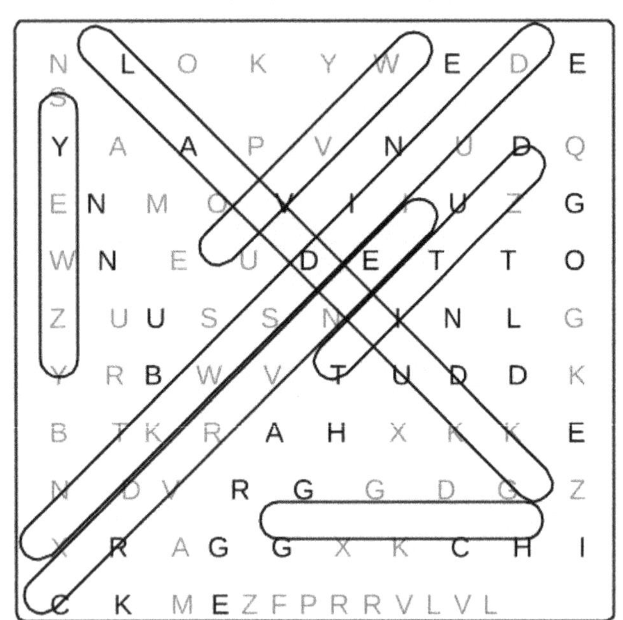

```
N L O K Y W E D E
S Y A A P V N U Q
E N M O X F U Z G
W N E U D E T T O
Z U U S S N X N L G
Y R B W V T U D D K
B T K R A H X X E
M D V R G G D Z
X R A G G X K C H I
C K M E Z F P R R V L V L
```

Easter Word Search 40

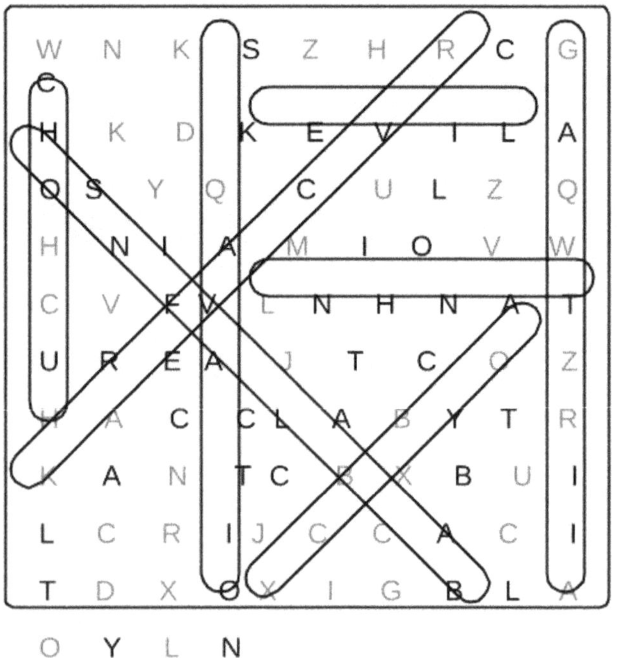

```
W N K S Z H R C G
C H K D K E V I L A
O S Y Q C U L Z Q
H N I A M I O V W
C V E V L N H N A I
U R E A J T C O Z
M A C C L A B Y T R
K A N T C B X B U I
L C R I J C C A I
T D X V X I G B L A
     O Y L N
```

Easter Word Search 41

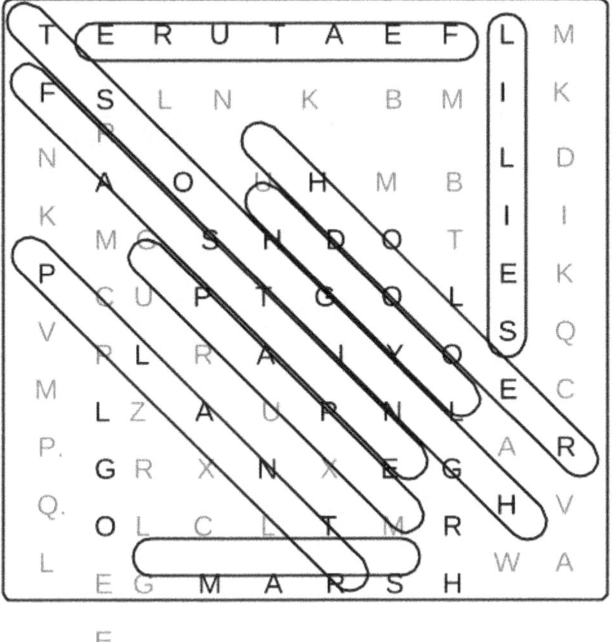

Easter Word Search 42

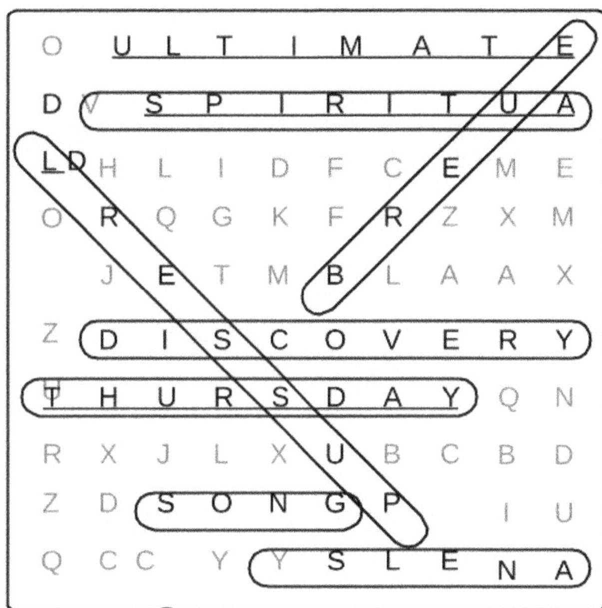

Easter Word Search 43

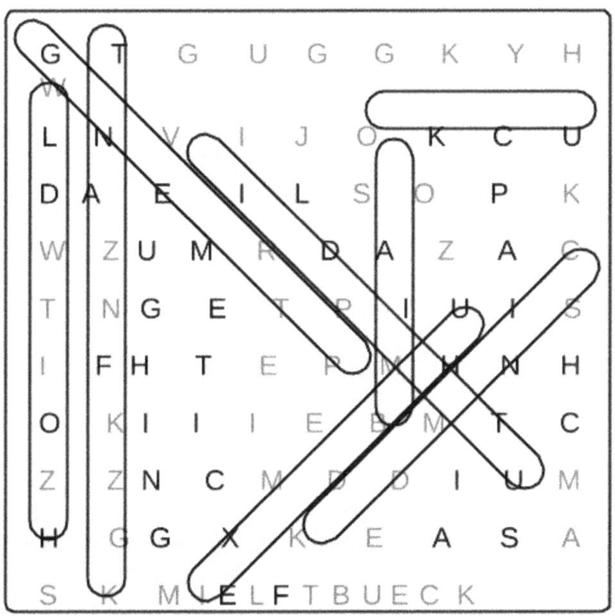

Easter Word Search 44

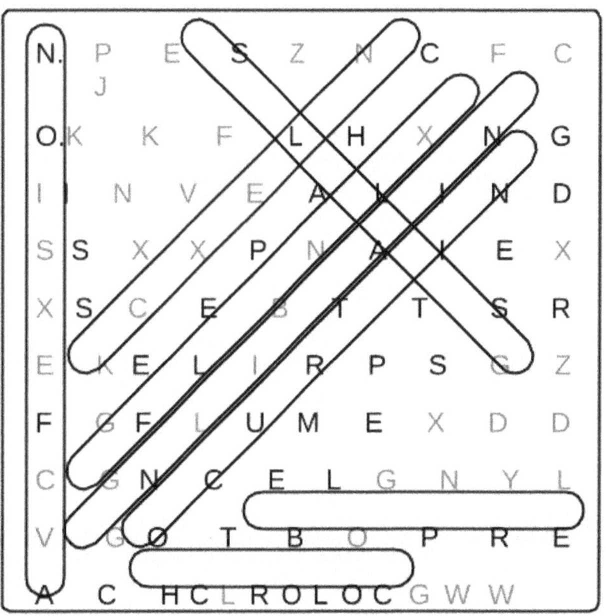

Easter Word Search 45

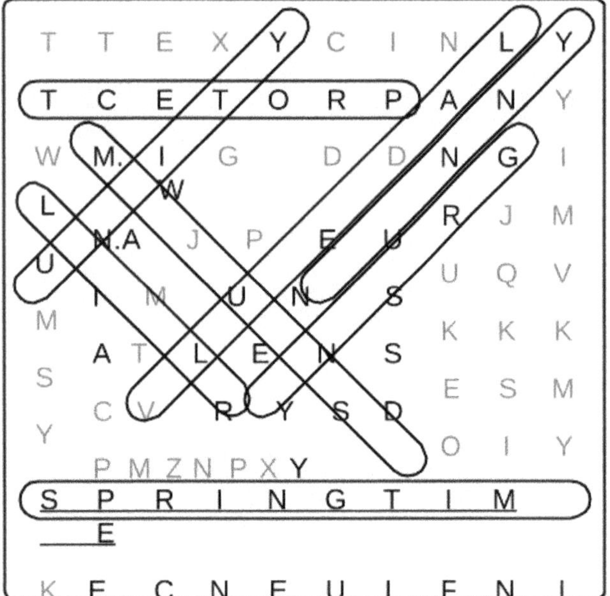

Easter Word Search 46

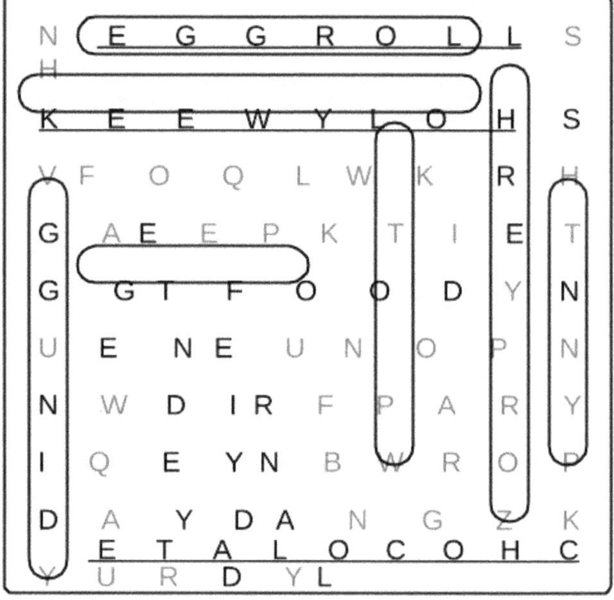

Easter Word Search 47

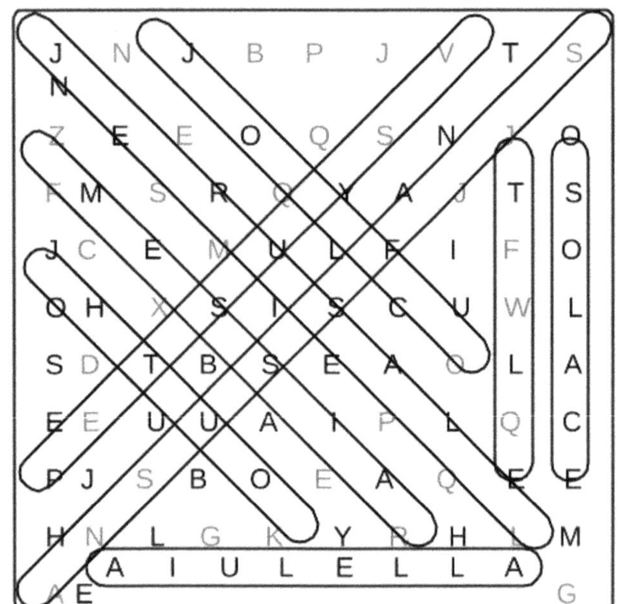

Easter Word Search 48

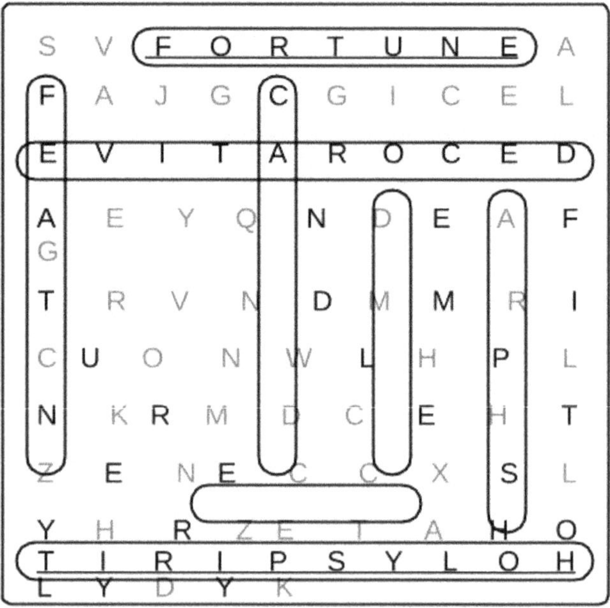

Easter Word Search 49

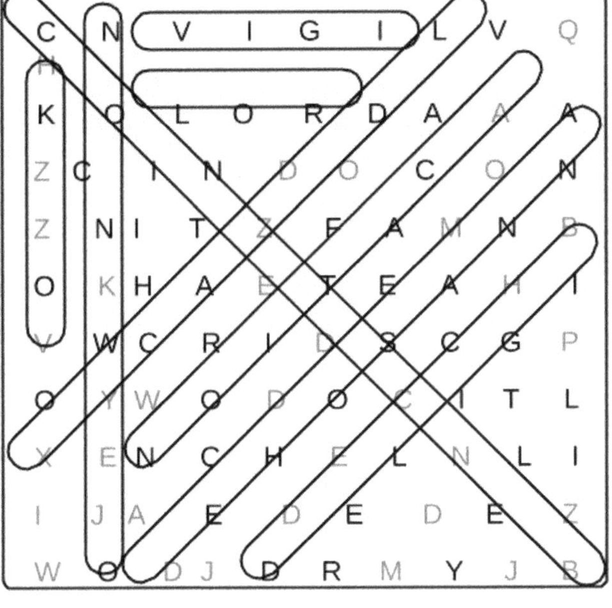

Easter Word Search 50

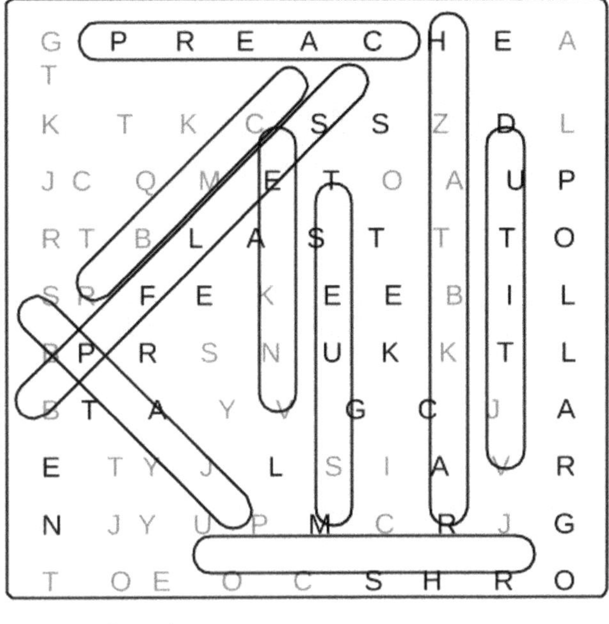

Thank you.

We hope that you have had many hours
of fun with our book and liked it
as much as we enjoyed working on it.

Your feedback
is very important to us.

Please let us know how you like our book at:
jennifer.c.lawrence@gmail.com

 **/jenniferclawrence**

 **/jenniferclawrence**